Don't Ask Me How
the Time Goes By

JOSÉ EMILIO PACHECO

Don't Ask Me How the Time Goes By

POEMS, 1964-1968

TRANSLATED BY ALASTAIR REID

Columbia University Press
New York
1978

Columbia University Press
New York—Guildford, Surrey

Copyright © 1969 Editorial Joaquín Mortiz, Mexico
Published under the title *No me preguntes cómo pasa el tiempo*
First edition 1969; second edition 1977

English translation copyright © 1978 Columbia University Press
All rights reserved

Printed in the United States of America

Library of Congress Cataloging in Publication Data

Pacheco, José Emilio.
  Don't ask me how the time goes by.

  Translation of No me preguntes cómo pasa el tiempo,
with parallel text in the original Spanish.
  I. Reid, Alastair, 1926–   II. Title.
PQ7298.26.A25N613   861   77-10530
ISBN 0-231-04284-1
ISBN 0-231-04285-X pbk.

Born in Mexico City in 1939, José Emilio Pacheco is one of the most important of the younger Latin American poets. More than a poet, however, he is a writer of fiction and literary criticism, a translator and anthologist, an editor and literary historian.

Pacheco's early writings, from age six, were the continuations of the books he read or the movies he saw. As a student of literature at the National University, Pacheco wrote several works for the theater and edited a literary supplement; for him it was the beginning of many years of work on important literary journals in Mexico.

In the early 1960s, Pacheco published his first collection of poems, *Los elementos de la noche,* and a volume of short stories entitled *El viento distante.* His *Poesía de paso* was awarded the Enrique Lihn Prize in 1966, and the following year he published his first novel, *Morirás lejos.*

Among his collections of poetry, *No me preguntes cómo pasa el tiempo* (*Don't Ask Me How the Time Goes By*), winner of the National Poetry Prize in 1969, distinguished him as an authentic voice within the poetic tradition of Latin America.

Since the publication of that volume, Pacheco has taught in the United States and Canada, received a Guggenheim Fellowship (1970), and continued working on translations of such figures as Walter Benjamin, Jules Renard, Harold Pinter, and Oscar Wilde. His most recent book of poems, *Isla a la deriva,* was published in 1976.

CONTENTS

I. IN THESE CIRCUMSTANCES

II. JUST LOOK AT THINGS!

III. POSTCARDS / CONVERSATIONS / EPIGRAMS

IV. ANIMALS KNOW

Como figuras que pasan por una pantalla de televisión
y desaparecen, así ha pasado mi vida.
Como los automóviles que pasaban rápidos por las
carreteras
con risas de muchachas y música de radios . . .
Y la belleza pasó rápida, como el modelo de los autos
Y las canciones de los radios que pasaron de moda.

ERNESTO CARDENAL

I. IN THESE CIRCUMSTANCES

> . . . Cuando la sombra el mundo va cubriendo
> a la luz se avecina . . .
>
> GARCILASO DE LA VEGA

DESCRIPCIÓN DE UN NAUFRAGIO
EN ULTRAMAR
(agosto 1966)

PERTENEZCO a una era fugitiva, mundo que se desploma ante mis ojos.

Piso una tierra firme que vientos y mareas erosionaron antes de que pudiera levantar su inventario.

Atrás quedan las ruinas cuyo esplendor mis ojos nunca vieron. Ciudades comidas por la selva, y en ellas nada puede reflejarme. Mohosas piedras en las que no me reconozco.

Y enfrente la mutación del mar y tampoco en las nuevas islas del océano hay un sitio en que pueda reclinar la cabeza.

Sus habitantes miraron con ojos extraños al náufrago que preguntaba por los muertos. Creí reconocer en las muchachas rostros que ya no existen, amores encendidos para ahuyentar la frialdad de la vejez, los ojos que nada miran ya sino el sepulcro.

La tribu rió de mi lenguaje ornamentado, mi trato ceremonioso, la gesticulación que ya no entienden. Los guerreros censuraron mi ineptitud para tensar el arco. Y no pude sentarme entre el Consejo porque aún no tenía el cabello blanco ni el tatuaje con que el tiempo celebra nuestro deterioro insaciable.

El Gran Sacerdote resolvió que me hiciera de nuevo a la mar

DESCRIPTION OF A CASTAWAY IN HIS WANDERINGS
(August 1966)

I belong to a transitory time, to a world which crumbles before my eyes.

I walk on a mainland which winds and tides eroded before I could make their inventory.

Behind me lie the ruins whose glory I never saw. Cities consumed by the jungle, in which I can find no trace of myself. Overgrown stones in which I do not recognise myself.

And besides the shifting sea or in the new islands, there is nowhere for me to lay my head.

Their people looked with strange eyes on the castaway who asked after the dead ones. I thought that among the girls I recognised faces which no longer exist, fiery loves to drive off the chill of old age, eyes which see nothing but the tomb.

The people laughed at my ornate speech, my formal manner, my gestures, which they do not understand. The warriors criticized my clumsy inability to string the bow. And I could not take my place in the Council because I did not yet have either the white hair or the markings with which time celebrates our relentless deterioration.

The High Priest decreed that I be put to sea again in a raft,

en una balsa, con frutos desecados al sol y una olla de agua por todo alimento. Al despedirme pronunció estas palabras, mientras los clanes se reunían para mirar con lástima o desprecio al extranjero:

"Naciste en tiempos de penuria, condenado a probar el naufragio de la vejez sin haber conocido la áspera juventud. Será mejor que regreses a los centros ceremoniales en donde un hervidero de lagartos cuida la máscara del rey — sobreimpuesta al pulular de la corrupción, la insaciedad de los roedores.

"Antes de tiempo abandonaste a la caravana que aún no columbra la tierra prometida, y sólo te acompañó tu árido equivalente, el desierto. Los nómades recelaron de ti; desconfiaste de los señores de la guerra, los tiranos que arman ejércitos en corso para garantizar a la metrópoli el suministro de lejanas especias.

"Zarpaste para encontrar el Nuevo Mundo, el Mundo Escondido del que murmuran las sectas en pendulares ceremonias. Y allí también huiste del incendio de las ciudades, el saqueo y la entrada a degüello.

"Amaste a las mujeres que nadie destinó para ti —cuerpos errantes que se desvanecen en la carta astronómica. Rehusaste participar en la batalla por asco a vivir de la carroña y la sangre de tus semejantes.

"En vez de todo aquello gastaste la noche en los infolios, los códices de morosos colores. Quisiste hallar en esos cripto-

4

sun-dried fruit and a pitcher of water my only nourishment. As he attended my departure, he spoke these words, while the clans assembled to look on the outcast with pity or with contempt:

"You were born in times of want, doomed to undergo the shipwreck of old age without having known the harshness of youth. Better that you return to the ritual centres where a seethe of lizards guards the mask of the king—the insatiability of gnawing teeth superimposed on the swarming of corruption.

"Early on, you withdrew from the caravan which still has not glimpsed the promised land, and had for company only your dried-up equivalent, the desert. The nomads distrusted you; you were suspicious of the warlike gentlemen, tyrants who provide mercenaries to safeguard spices sent from afar to the capital.

"You set sail to look for the New World, the Secret World whispered of by the sects in pendular ceremonies. There too you fled from the firing of the cities, the sackings, the invading slaughter.

"You enjoyed women whom no one had destined for you, transient bodies which fade out on the astronomical maps. You refused to take part in the battle out of a disgust at living off the carrion and blood of your fellow men.

"Instead of all that, you passed nights deep in folios, in codices of gloomy colours. You hoped to find in such cryptograms

gramas el rumor transitivo de las generaciones, el espejo vacío, la pesadumbre de la historia: vanas tretas para justificar tu aislamiento, para fingirte digno de tu cobardía.

"Antes de morir sólo te queda —aparte de la obscena conmiseración, el alarde grotesco de tus heridas— escoger entre dos formas posibles: la cámara de gas, o bien la granja en que pastan y rumian, bajo la espuela y el azote, los enemigos de tu pueblo."

the echo of lost generations, the empty mirror, the burden of history—empty attempts to justify your isolation, deceptions to make your cowardice worth-while.

"Before you die, there are open to you—apart from obscene self-pity, the grotesque displaying of your wounds—only two possible choices: the gas chamber, or else the farm where, under spur and whip, the enemies of your people graze and brood."

TRANSPARENCIA DE LOS ENIGMAS
(octubre 1966)

EN SERIO pensemos en todas las cosas que ya se avecinan. El mundo tiene hartura de la solemnidad de los profetas y el óxido corroe los goznes de sus visiones, porque la historia sabe, recuerda su deber de trastornar las profecías.

Alabemos a Patmos y a la hirviente montaña de las Lamentaciones. Pero aquí no se trata de videncia ni me refiero al pensamiento mágico que puebla de sombras las esferas y convierte en palabras los enigmas de las figuras atrapadas en cartas.

Basta mirar lo que hoy ocurre. Es suficiente leer un periódico para que los sentidos interroguen todo lo que fermenta en derredor de nuestra tibia ansiedad, de nuestra cólera apacible. Porque no hay filtros ni exorcismos contra lo que se gesta y se levanta.

Más tarde podríamos lamentar un perentorio olvido de las buenas costumbres o una exigencia desmedida por parte de los nuevos poderes. Nos pesará —y es evidente— no haber juzgado a tiempo que la contrición y el freno de nuestras iniquidades

podrían mitigar la combustión, la edad de fuego que ya se cierne sobre las ciudades culpables, culpables porque dejaron en su saciedad que la miseria prosperara en los alrededores ya no eglógicos como aquellas acuarelas neoclásicas

THE TRANSPARENCY OF ENIGMAS
(October 1966)

Let us think seriously of all the matters which are now en-
croaching. The world is overstuffed with the pomposity of
prophets, and the hinges of their visions are corroded, since
history knows and remembers its obligation to overturn
prophecies.

Let us praise Patmos and the smouldering Mount of Lamenta-
tions. But here it is not a matter of clairvoyance, nor do I
refer to the magical thought which peoples the spheres with
shadows and turns into words the mysteries of the faces
trapped in the cards.

It is enough to look at what is happening today. Enough to
read a journal for the senses to question all that seethes
around our tepid anxiety, our gentle rage. Because there are
no filters or exorcisms against what is signalling and appear-
ing.

Later on we could possibly regret the sudden forgetting of
good manners or the boundless demands made by the new
powers. It will weigh heavy on us—obviously—not to have
taken into account in time that contrition and some brake
on our iniquities

might mitigate the conflagration, the age of fire which now
hangs over the guilty cities, guilty because in their satiety
they allowed misery to abound in surroundings no longer

—Arcadia azul que sin saberlo presagiaba menos irreales pastoreos—

sino más bien airados parajes prontos a obedecer la chispa que encienda el pasto en su aridez y comunique el fuego al árbol y a los sembradíos que arruinó la ebriedad de creernos, por mandato de Dios, amos eternos,

hechiceros capaces de encadenar el mundo y ejercer saqueo impune y derechos feudales contra la muchedumbre inexpugnable (o en su caso la horda de la cual desertaron los bisabuelos mercaderes para cubrir las cicatrices con infusiones de oro y con parches heráldicos),

contra esa multitud que abre otra historia y ya en muy pocos sitios se mantiene reducida a la explosiva condición de rebaño que devora nuestras sobras y roe nuestras migajas,

en virtud de palabras como címbalos, musiquitas verbales electrónicamente amplificadas e imágenes que anegan con la proximidad del bienestar recintos donde llamea la miseria.

Seres entre dos aguas, marginales de ayer y de mañana: es esto lo que hicieron de nosotros. Elijamos la causa perdida —los trujamanes se hunden con su clase pero ¿cuál clase si nunca hablé con ellos? Ciertamente, susurra el fariseo, no he conocido la abundancia pero en mi casa nunca faltó nada—

o bien la fundación del porvenir, y allí tal vez el fuego eterno nos espere a los tibios. Lo urgente en todo caso es alinearse

bucolic as in those neoclassic water colours—a blue Arcadia which without realising presaged less unreal herdings—

but instead wild places soon to succumb to the spark which may ignite the dried-up turf and carry the fire to tree and seedfield, ruining the intoxicating notion that, by divine decree, we were everlasting masters,

magicians capable of chaining the world, pillaging freely and imposing feudal domination on an unyielding mass of people (or in their case, the horde which mercantile great-grandfathers abandoned in order to cover their scars with gold poultices and heraldic plasters),

against that multitude which is beginning a new history and which now in very few places is left reduced to the explosive condition of a flock of sheep which feeds on our leavings and gnaws at our crumbs,

thanks to words which sound like cymbals, word-tunes electronically amplified and images which flood with the closeness of wellbeing the places where misery burns.

Beings between two waters, on the shores of yesterday and tomorrow—that's what they made us into. Let us take up the cause already lost—the traders go down with their class (which class is that? I never spoke with them.) It is true, whispers the Pharisee, I have never known plenty but in my house we never wanted for anything—

or else let us found the future, and there possibly eternal fire waits for the weak among us. The vital thing in any case is

en uno u otro lado porque ya en la batalla no se admite a los corresponsales de guerra que en su incoherente neutralidad pueden ir de una trinchera a otra sin problema.

La realidad destruye la ficción nuevamente. No me vengan con cuentos porque los hechos nos exceden, nos siguen excediendo, mientras versificamos nuestras dudas.

Y dispongan de mí según mis culpas. Por el momento nada me ampara sino la lealtad a mi confusión. Y todo lo que digo será empleado en mi contra. Ya no tengo respuestas pero asedio todas mis certidumbres; les pongo como si se tratara de murallas dos grandes signos de interrogación en el lomo.

(Podemos echarle la culpa de todo a la conquista, a tres infames siglos de colonia, pero si alguna lección puede darnos Cortés, recordemos como un deber de todo hombre quemar, para romper consigo mismo, sus naves.)

Será mejor, entonces, que detengamos por un momento el festín, amigos míos, y reintegremos a la basura los simulacros de catástrofe, la discusión acerca de fugaces poéticas —mesa redonda de los buitres en derredor de una osamenta— y despidamos el radiante estruendo de la música (muy pronto sonará como nuestra nostalgia) y olvidemos edenes y gehenas prefabricadas, todas nuestras teorías sobre el mal y el absurdo,

y pensemos en serio en todas las cosas que ya se avecinan.

to join up with one side or the other for now they do not admit to the battle war correspondents who in their incoherent neutrality can go from one trench to another without any difficulty.

Reality destroys fiction once again. Don't come to me with stories, because facts outdo us and go on outdoing us, while we put our doubts into verse.

And deal with me according to my faults. For the moment nothing protects me save loyalty to my own confusion. And all that I say will be used against me. I have no answers but I tear into all my certainties; I stick, as if painting on walls, two sharp question marks into their backs.

(We can blame everything on the Conquest, on three miserable centuries as a colony, but if Cortes can teach us anything at all, let us remember, that every man has a duty to burn his ships, break them up with him inside them.)

It will be better, then, if we hold up the party for a moment, my friends, and return to waste again the images of disaster, the discussion about poetic flights—a round table of vultures circling a skeleton—and let us say goodbye to the bright crash of music (soon it will be the sound of our nostalgia) and let us forget about prefabricated Edens and Gehennas, all our theories about the Bad and the Absurd,

and let us think seriously about all the matters which are now encroaching.

UN DEFENSOR DE LA PROSPERIDAD
(enero 1967)

DEJÓ la moto
la chamarra de cuero
la navaja
Vistió uniforme de *marine*
Bombero universal en una época
en que el mundo está en llamas
Quiso apagar incendios con el fuego
Murió en la selva guerrillera
—un hombre
confiado en el vigor que da el Corn Flakes
y en las torvas palabras del texano

A DEFENDER OF AFFLUENCE
(January 1967)

He left behind the motor bike
the leather sheepskin jacket
the flick knife
He dressed up as a marine
a universal fireman in a time
when the whole world is in flames
He wished to extinguish fire with fire itself
He died in the marauding jungle—
a man
trusting in the lift that Corn Flakes give
and in the grim pronouncements of the Texan

EN LO QUE DURA EL CRUCE DEL ATLÁNTICO
(octubre 1967)

FUE COMO si tratara de alejarme,
de estar más lejos cada vez del héroe.

Cegado por la luz del aeropuerto
vi en *The Toronto Star*
noticias vagas:
Rumor de que los 'rangers' lo cercaron.

Al descender en Amsterdam supimos,
con hondo azoro incrédulo, el martirio
y el altivo final en una abyecta
noche de Sudamérica.

Y en Heathrow Airport el *Times* decía:
Ha comenzado la leyenda.
Y es cierto:

ellos le dieron muerte;
vida, los condenados de la tierra.

AS LONG AS IT TAKES TO CROSS THE ATLANTIC
(October 1967)

It was as if I were trying to get away,
to be farther from the hero every time.

Blinded by the airport light
I saw in *The Toronto Star*
vague first reports:
It is rumoured that the Rangers have surrounded him.

Coming down in Amsterdam, in sinking gloom
and disbelief, we learned of the martyrdom
and the arrogant end in an abject
South American night.

And in Heathrow Airport the *Times* announced:
The legend has begun.
And that is true:

they gave him his death,
and all the wretched of the earth gave him back life.

ÚLTIMA FASE
(febrero 1968)

La historia es contagiosa:
    piensa en Nínive,
reflexiona en los persas,
    no te olvides
de cuanto viste en Roma:
    ningún imperio puede
durar mil años
    ni hay colonizados
que los aguanten.

LAST PHASE
(February 1968)

History is contagious.
  Think about Nineveh,
ponder on the Persians,
  never forget
all that you saw in Rome:
  there is no empire
can last a thousand years
  nor subjects who
will take it that long.

SER SIN ESTAR
(agosto 1968)

Te preguntas
si entre tantos desastres que no esperabas
mecanismos cuyo admirable funcionamiento desconoces
gérmenes afilados que fermentan
para matar al mundo
hombres que luchan por borrar al hombre
no serás ya un fantasma
o el último vestigio de un fantasma
o la sombra
de una especie extinguida
que interrumpe
con la mirada absorta e implorante
la abyecta procesión del matadero

EXISTING WITHOUT BEING
(August 1968)

You ask yourself
if among so many unexpected disasters
mechanisms whose immaculate workings are beyond you
sharp-toothed germs fermenting
to lay waste to the world
men struggling to wipe out all trace of man
you may not be a ghost yourself by now
or the fading wisp of a ghost
or the last shadow
of an obsolescent species
who interrupts
with rapt imploring gaze
the abysmal shuffle at the slaughterhouse

LECTURA DE LOS "CANTARES MEXICANOS":
MANUSCRITO DE TLATELOLCO*
(octubre 1968)

CUANDO TODOS se hubieron reunido,
los hombres en armas de guerra
fueron a cerrar las salidas,
las entradas, los pasos.
Sus perros van por delante,
los van precediendo.

Entonces se oyó el estruendo,
entonces se alzaron los gritos.
Muchos maridos buscaban a sus mujeres.
Unos llevaban en brazos a sus hijos pequeños.
Con perfidia fueron muertos,
sin saberlo murieron.

Y el olor de la sangre mojaba el aire.
Y el olor de la sangre manchaba el aire.

Y los padres y madres alzaban el llanto.
Fueron llorados.
Se hizo la lamentación de los muertos.
Los mexicanos estaban muy temerosos.
Miedo y vergüenza los dominaban.

Y todo esto pasó con nosotros.
Con esta lamentable y triste suerte
nos vimos angustiados.

A READING OF THE "CANTARES MEXICANOS": A MANUSCRIPT OF TLATELOLCO *
(October 1968)

When everyone had gathered,
the men, fully armed,
went to seal off the escapes,
the entrances and the passageways.
Their dogs go in front,
running ahead of them.

Then uproar broke on the ear,
then screaming ran wild.
Husbands reached for their wives.
Some took small children into their arms.
Treachery did them to death.
They died without sensing it.

And the smell of blood dampened the air.
And the smell of blood stained the air.

And the fathers and mothers raised the lament.
They were wept for.
Lamentation for the dead arose.
The Mexicans moved in dread.
Fear and shame took charge of them.

And all that happened to us.
With this wretched and grievous fate,
we saw ourselves as doomed.

En la montaña de los alaridos,
en los jardines de la greda,
se ofrecen sacrificios,
ante la montaña de las águilas
donde se tiende la niebla de los escudos.

Ah yo nací en la guerra florida,
yo soy mexicano.
Sufro, mi corazón se llena de pena;
veo la desolación que se cierne sobre el templo
cuando todos los escudos se abrasan en llamas.

En los caminos yacen dardos rotos.
Las casas están destechadas.
Enrojecidos tienen sus muros.
Gusanos pululan por calles y plazas.

Golpeamos los muros de adobe
y es nuestra herencia
una red de agujeros.

Esto es lo que ha hecho el Dador de la Vida
allí en Tlatelolco.

* Con los textos traducidos del náhuatl por el Padre Ángel María Garibay.

On the hill of the wailing,
in the gardens of clay,
sacrifices are offered,
in front of the mountain of eagles
where the hazy shields are spread.

Ah, I was born to that flowering struggle,
I am Mexican.
I suffer, my heart overflows with grief.
I see the doom hover above the temple
when all the shields erupt in flames.

On the roads lie broken spears.
The houses stand roofless.
Their walls are washed with red.
Worms swarm through streets and squares.

We beat on the adobe walls
and that is our heritage,
a web of holes.

That is what the Giver of Life enacted
there in Tlatelolco.

* Text translated from Náhuatl by Father Ángel María Garibay.

1968 (I)

UN MUNDO se deshace
nace un mundo
las tinieblas nos cercan
pero la luz llamea
todo se quiebra y hunde
y todo brilla
cómo era lo que fue
cómo está siendo
ya todo se perdió
todo se gana
no hay esperanza
hay vida y
todo es nuestro

1968 (II)

ACUMULACIÓN de sonoridades, momento de las grandes pa-
labras
en voz alta ante cámaras, micrófonos, multitudes, partidos.
Hora de tomar parte en la batalla.
Época heroica, edad homérica en que la vileza no borra la
grandeza.
Página blanca, al fin, en que todo es posible: el futuro sin
rostro en que el doloroso paraíso redesciende a este mundo,
o bien crece el infierno, es absoluto y sube
entre fragores de su inmóvil voracidad subterránea.

26

1968 (I)

A world comes apart
a world is born
a twilight surrounds us
but the light is blazing
everything is breaking up and drowning
and everything shines
how was what went before
how is it at present
everything now was already lost
everything is won
there is no hope
there is life and
everything is ours

1968 (II)

Accumulation of sonorities, the hour of the great words
in loud voices before the cameras, the microphones, the crowds,
    the parties.
The moment to enter the battle.
A heroic time, a Homeric age, in which infamy cannot erode
    grandeur.
A blank page, finally, on which all is possible; the faceless
    future in which a mournful paradise descends on this world
    again,
or one where a hell develops and is final, and rises
through the uproar of its unstirring underground voracity.

1968 (III)

PIENSA en la tempestad que lluviosamente lo desordena todo
en jirones;
tributo para la tierra insaciable, elemental voracidad de un
orbe que existe porque cambia y se trasmuta.
La tempestad es imagen de la guerra entre los elementos que
le dan forma al mundo.
La fluidez lucha contra la permanencia; lo más sólido se des-
hace en el aire.
Piensa en la tempestad para decirte / que un lapso de la
historia ha terminado.

1968 (III)

Think of the storm, the downpour tearing everything to shreds;
tribute for the insatiable earth, the stark voracity of a globe
　　which exists in its changing and becoming.
The storm reflects the war between the elements which give
　　the world its form.
Flux is at war with permanence; what seems most solid is
　　undone in air.
Think of the storm and tell yourself
that one lapse of history has ended.

II. JUST LOOK AT THINGS!

> Youth has an end: the end is here. It will never
> be. You know that well. What then? Write it,
> damn you, write it! What else are you good for?
>
> JAMES JOYCE in *Giacomo Joyce*

HOMENAJE A LA CURSILERÍA

Amiga que te vas:
quizá no te vea más.
R. L. V.

DÓCILES formas de entretenerte / olvido:
recoger piedrecillas de un río sagrado
estampar becquerianas violetas en los libros
para que amarilleen ilegibles /

besarla lentamente y en secreto
cualquier último día
antes de la execrada separación
al filo mismo
del adiós tan romántico
y sabiendo
> aunque nadie
> se atreva
> a confesarlo
que nunca volverán las golondrinas

HOMAGE TO KITSCH

Amiga que te vas:
quizá no te vea más.
RAMÓN LÓPEZ VELARDE

Innocent ways of amusing you, oblivion:
picking up pebbles in a sacred river
tracing Becquer-style violets in books
for them to yellow into illegibility

kissing her slowly and in secret
last day after last day
before the dreaded separation
on the very brink
of the super-romantic goodbye
and knowing
        although nobody
        would dare
        to confess it
that the swallows are never really coming back

ALTA TRAICIÓN

NO AMO mi Patria. Su fulgor abstracto
es inasible.
Pero (aunque suene mal) daría la vida
por diez lugares suyos, cierta gente,
puertos, bosques de pinos, fortalezas,
una ciudad deshecha, gris, monstruosa,
varias figuras de su historia,
montañas
(y tres o cuatro ríos).

HIGH TREASON

I do not love my country. Its abstract splendour
is beyond my grasp.
But (although it sounds bad) I would give my life
for ten places in it, for certain people,
seaports, pinewoods, fortresses,
a run-down city, gray, grotesque,
various figures from its history,
mountains
(and three or four rivers).

ACELERACIÓN DE LA HISTORIA

ESCRIBO unas palabras
                    y al minuto
ya dicen otra cosa
                    significan
una intención distinta
                    son ya dóciles
al Carbono 14
                    Criptogramas
de un pueblo remotísimo
                        que busca
la escritura en tinieblas

ACCELERATION OF HISTORY

I write a few words
                    and instantly
they are saying something else
                              they mean
something completely different
                              already susceptible
to Carbon 14 tests
                    Cryptograms
from an obscure civilization
                              which searches
in the darkness for a written alphabet

YA TODOS SABEN PARA QUIÉN TRABAJAN

TRADUZCO un artículo de *Esquire*
sobre una hoja de Kimberly-Clark Corp.
en una antigua máquina Remington.
Corregiré con un bolígrafo Esterbrook.
Lo que me paguen aumentará en unos cuantos pesos las arcas
de Carnation, General Foods, Heinz,
Colgate-Palmolive, Gillette
y California Packing Corporation.

NOW EVERYBODY KNOWS WHO THEY'RE WORKING FOR

I'm translating an article from *Esquire*
on a sheet of paper from the Kimberly-Clark Corporation,
on an old Remington typewriter.
I'll correct the text with an Esterbrook pen.
What I am paid will add a few pesos to the profits
of Carnation, General Foods, Heinz,
Colgate-Palmolive, Gillette
and the California Packing Corporation.

MUNDO ESCONDIDO

ES EL lugar de las computadoras
y de las ciencias infalibles;
pero de pronto te evaporas
—y creo en las cosas invisibles.

HIDDEN WORLD

It is the territory of the computer,
the scientifically inscrutable;
then suddenly you vanish in thin air
—but I believe in the invisible.

DECLARACIÓN DE VARADERO
(En el Centenario de Rubén Darío)

> La tortuga de oro marcha sobre la alfombra.
> Va trazando en la sombra
> un incógnito estigma:
> los signos del enigma
> de lo que no se nombra,
> Cuando a veces lo pienso,
> el misterio no abarco
> de lo que está suspenso
> entre el violín y el arco.
>
> R. D., *Armonía*

EN SU principio está su fin. Y vuelve a Nicaragua
para encontrar la fuerza de la muerte.
Relámpago entre dos oscuridades, leve piedra
que regresa a la honda.

Cierra los ojos para verse muerto.
Comienza entonces la otra muerte, el agrio
batir las selvas de papel, torcer el cuello
al cisne viejo como la elocuencia;
incendiar los castillos de hojarasca,
la tramoya retórica, el vestuario:
aquel desván llamado "modernismo".
Fue la hora / de escupir en las tumbas.

Las aguas siempre se remansan.
La operación agrícola supone
mil remotas creencias, ritos, magias.

STATEMENT FROM VARADERO
(On the Centenary of Rubén Darío)

> La tortuga de oro marcha sobre la alfombra.
> Va trazando en la sombra
> un incógnito estigma:
> los signos del enigma
> de lo que no se nombra,
> cuando a veces lo pienso,
> el misterio no abarco
> de lo que está suspenso
> entre el violín y el arco.
>
> RUBÉN DARÍO, *Armonía*

In his beginning is his end. He returns to Nicaragua
to face the enormity of death.
A lightning flash between two darknesses, a small stone
returning to the sling.

He closes his eyes, already seeing himself dead.
Then begins that other death, the sourness
of subduing jungles of paper, wringing the neck
of the ancient swan, pure eloquence;
of setting fire to castles built of leaf-trash,
rhetorical trickery, the costume room,
that dusty attic known as 'modernism'.
It was the time
              for spitting on the tombs.

Water always forms a pool.
The whole agrarian round assumes
a thousand obscure beliefs, rites, magic arts.

Removida la tierra
pueden medrar en ella otros cultivos.
Las palabras / son imanes del polvo,
los ritmos amarillos caen del árbol,
la música deserta / del caracol
y en su interior la tempestad dormida
se vuelve sonsonete o armonía
municipal y espesa, tan gastada
como el vals de latón de los domingos.

Los hombres somos los efímeros,
lo que se unió se unió para escindirse
—sólo el árbol tocado por el rayo
guarda el poder del fuego en su madera,
y la fricción libera esa energía.

Pasaron, pues, cien años:
ya podemos
perdonar a Darío.

Once the earth is turned over,
other crops can flourish in it.
Words
         attract the dust,
yellow rhythms fall from the tree,
the music
         deserts the seashell
and inside it, the sleeping tempest
turns into jangling or harmony,
civic and gross, as worn away
as waltzes are by brass bands on a Sunday.

As men, we are ephemeral.
What came together did so only to split
—only the tree touched by the thunderbolt
retains the force of fire in its wood,
and friction sets free that energy.

And so, a hundred years have gone past.
Now let us
forgive Darío.

ENVIDIOSOS

Levantas una piedra
y los encuentras:
ahítos de humedad,
pululando.

THE ENVIOUS ONES

You lift up a stone
and you find them:
gorged on the dampness,
seething.

R. D. NUEVAMENTE

.OSCURIDADES del bajorrelieve.
Figura maya
y de repente
como-una-flor-que-se-desmaya
(tropo *Art Nouveau* y adolescente)
el Cisne de ámbar y de nieve.

RUBÉN DARÍO ONCE AGAIN

The ambiguities of bas relief.
A Mayan figure
and, all of a sudden,
frail-as-a-fainting-flower,
(a line half Art Nouveau, half adolescent)
the Swan of amber and snow.

CRÍTICA DE LA POESÍA

He aquí la lluvia idéntica y su airada maleza
La sal, el mar deshecho...
Se borra lo anterior, se escribe luego:
Este convexo mar, sus migratorias
y arraigadas costumbres
ya sirvió alguna vez para hacer mil poemas.
(La perra infecta, la sarnosa poesía,
risible variedad de la neurosis,
precio que algunos hombres pagan
por no saber vivir.
La dulce, eterna, luminosa poesía.)

Quizá no es tiempo ahora:
nuestra época
nos dejó hablando solos.

CRITIQUE OF POETRY

I have here the self-same rain and its tangled undergrowth
the salt, the broken sea . . .
That gets crossed out, and this is written:
This convex sea, its migratory
and rooted habits . . .
at times already, that has been good for a thousand poems.
(The corrupt bitch, flea-bitten poetry,
a laughable version of neurosis,
the price which some men pay
for not knowing how to live.
Oh sweet, eternal, luminous poetry.)

Perhaps this is not the moment.
Our time
has left us talking aloud to nobody.

GROWING OLD

SOBRE tu rostro
     crecerá otra cara
de cada surco en que la edad
        madura
y luego se consume y
       te enmascara
y hace que brote
     tu caricatura

GROWING OLD

Over your face
                another face will grow
from every furrow in which age
                                is maturing
and later it is consumed
                        and you are masked
making appear
            a caricature of you

CRÓNICA DE INDIAS

> ...porque como los hombres no somos todos
> muy buenos...
>
> BERNAL DÍAZ DEL CASTILLO

DESPUÉS de mucho navegar por el oscuro océano amenazante
encontramos
tierras bullentes en metales, ciudades
que la imaginación nunca ha descrito, riquezas,
hombres sin arcabuces ni caballos.
Con objeto de propagar la fe
y quitarlos de su inhumana vida salvaje,
arrasamos los templos, dimos muerte
a cuanto natural se nos opuso.
Para evitarles tentaciones
confiscamos su oro;
para hacerlos humildes
los marcamos a fuego y aherrojamos.
Dios bendiga esta empresa
hecha en su nombre.

CHRONICLE FROM THE INDIES

> . . . porque como los hombres no somos todos
> muy buenos . . .
>
> BERNAL DÍAZ DEL CASTILLO

After sailing far on the dark and threatening sea
we discovered
land abounding in metals, cities
never described by the imagination, riches,
men who knew neither shotguns nor horses.
Keeping in mind the spreading of the faith
and freeing them from their brutish, inhuman ways,
we razed their temples and delivered death
to any native who stood up to us.
To keep them from temptation,
we confiscated their gold;
to teach them humility,
we branded them with fire and put them in irons.
May God bless this undertaking
done in his Name.

DICHTERLIEBE

LA POESÍA tiene una sola realidad: el sufrimiento.
Baudelaire lo atestigua; Ovidio aprobaría
afirmaciones como ésta,
la cual por otra parte garantiza
la supervivencia amenazada de un género
que nadie lee pero que al parecer
todos detestan, como una enfermedad
de la conciencia, un rezago
de tiempos anteriores a los nuestros,
cuando la ciencia suele disfrutar
del monopolio entero de la magia.

DICHTERLIEBE

Poetry has only one reality: suffering.
Baudelaire bears it out; Ovid would approve
of assertions like this one,
which on another level guarantees
the perilous survival of a genre
which no one reads but which apparently
everyone hates, as if it were an illness
of the awareness, something hanging over
from periods before this time of ours
when science is accustomed to enjoying
a full monopoly of magic things.

VANAGLORIA O ALABANZA EN BOCA PROPIA

A pulso   A fuerza   Infatigablemente
    O sin prisa ni pausa
He conquistado para siempre un sitio
    A la izquierda del cero
El absoluto cero   El más rotundo
    irremontable   resbaloso cero
Obtuve un buen lugar en la otra fila
    junto a los emigrantes expulsados
de la posteridad
    Y ésta es la historia

PRAISE OR VAINGLORY FROM MY OWN MOUTH

Directly   strongly   tirelessly
   or without rush or hesitation
I have achieved for ever more a place
   to the left of zero
absolute zero   the most ample
   unscaleable   slippery zero
I won myself a good spot in the other row
   beside the emigrants who had been
expelled from posterity
   and this is the whole story

JOB 18, 2

¿CUÁNDO terminaréis con las palabras?
Nos pregunta
en el Libro de Job
Dios —o su escriba.

Y seguimos puliendo, desgastando
un idioma ya seco;

experimentos
—tecnológicamente deleznables—

para que brote el agua
en el desierto.

JOB 18, 2

When will you ever finish using words?
we are asked that
in the Book of Job
by God—or by his scribe.

>   And we go on polishing and wearing out
>   a language gone dry;

experiments
—technologically precarious—

>   to make water gush
>   in the desert.

EL EMPERADOR DE LOS CADÁVERES

EL EMPERADOR quiere huir de sus crímenes
pero la sangre no lo deja solo.
Pesan los muertos en el aire muerto
y él trata
              siempre en vano
                              de ahuyentarlos.

Primero lograrían borrar
con pintura la sombra
que a mediatarde
proyecta el cuerpo del emperador
sobre los muros del palacio.

THE EMPEROR OF THE CORPSES

The Emperor wishes to escape from his crimes
but the blood does not leave him alone.
The dead weigh heavy in the dead air
and he tries
        but always vainly
                to drive them away.

They'd be as well to try
to obliterate with paint
the shadow which in midafternoon
the Emperor's body throws
on the walls of the palace.

DISERTACIÓN SOBRE LA CONSONANCIA

AUNQUE a veces parezca por la sonoridad del castellano
que todavía las frases andan de acuerdo con la métrica;
aunque parta de ella y la atesore y la saquee,
lo mejor que se ha escrito en el medio siglo último
nada tiene en común con *La Poesía,* llamada así
por académicos y preceptistas de otro tiempo.
Entonces debe plantearse a la asamblea una redefinición
que amplíe los límites (si aún existen límites),
algún vocablo menos frecuentado por el invencible desafío
de los clásicos. Una palabra, pocas sílabas,
un nombre, cualquier término (se aceptan sugerencias)
que evite las sorpresas y cóleras de quienes
—tan razonablemente— ante un poema dicen:
"Esto ya no es poesía."

DISSERTATION ON POETIC PROPRIETY

Although at times it may seem from the sonority of Spanish
that phrases still keep measures with the metre;
although it may feed on it, hoard it, plunder it,
the best work of this last half-century
has nothing in common with *Poetry,* as it was known
by scholars and sages of another time.
They must announce to us, then, a new definition
widening the limits (if limits still exist),
some word less worried by the towering challenge
of all the Classics. One word, few syllables,
a name, some term or other (suggestions welcome)
to avoid the astonishment and rage of those
who say, so reasonably, looking at a poem:
"Now this is not poetry."

AUTOANÁLISIS

He cometido un error fatal
—y lo peor de todo
es que no sé cuál

SELF-ANALYSIS

I've committed a fatal sin—
but the worst of my confusion
is I don't know which was the one.

NO ME PREGUNTES CÓMO PASA EL TIEMPO

En el polvo del mundo se pierden ya mis huellas;
me alejo sin cesar.
No me preguntes cómo pasa el tiempo.

LI KIU LING (Trad. de Marcela de Juan)

A NUESTRA antigua casa llega el invierno
y cruzan por el aire las bandadas que emigran.
Luego renacerá la primavera,
revivirán las flores que sembraste.
Pero nosotros
ya nunca más veremos
ese dulce paraje que fue nuestro.

DON'T ASK ME HOW THE TIME GOES BY

> En el polvo del mundo se pierden ya mis huellas;
> me alejo sin cesar.
> No me preguntes cómo pasa el tiempo.
>
> LI KIU LING (Tr. Marcela de Juan)

Winter comes to our venerable house
and across the air pass flocks of migrating birds.
Later, spring will be born again,
the flowers you sowed will come to life.
But we,
we shall never know again
that sweet setting which was ours together.

STATUS QUO

TENGO que rebelarme ante mi sumisión
y someterme ante mi rebeldía.
Las aguas estancadas me miran fijamente:
piden que les revoque la compuerta.
Lo hago.
Y la piedad no alcanza su entumecimiento,
su triste analogía con la mula / que
rompió el círculo vicioso de la noria
creyó ganar la libertad
—y siguió dando vueltas.

STATUS QUO

I have to rebel against my own weakness
and keep submitting to my own rebelling.
The pent-up waters stare at me fixedly;
they plead with me to open up the floodgates.
I do it.
And pity does not understand their surging
sadly analogous to the mule
who, breaking the vicious circle of the treadmill,
thought it had gained its freedom
—but kept going round in circles.

THOSE WERE THE DAYS

COMO una canción que cada vez se escucha menos
    y en menos estaciones y lugares,
como un modelo apenas atrasado que tan sólo se encuentra
    en cementerios de automóviles,
nuestros mejores días han pasado de moda
    y ahora son
    escarnio del bazar,
    comidilla del polvo
    en cualquier sótano.

THOSE WERE THE DAYS

Like a song which is listened to, but each time less
    and in fewer stations and places,
like a recently obsolete model which is found only
    in automobile graveyards,
our best days have dwindled and gone out of style
    and are now
    a jibe in the bazaar,
    a snide feast of dust
    in some cellar or other.

III. POSTCARDS / CONVERSATIONS / EPIGRAMS

> E inútil es que los naturales de la Nueva
> España traten de vivir en la Europa, porque
> siempre estarán con los ojos fijos de la
> memoria en su tierra . . .
>
> LETTER FROM DON SEBASTIÁN DE TOLEDO,
> MARQUÉS DE MANCERA, VIRREY DE MÉXICO

Alma mía, suave cómplice:
 no se hizo para nosotros la sintaxis de todo el mundo,
 ni hemos nacido, no, bajo la arquitectura de los Luises de Francia.

ALFONSO REYES

"VENUS ANADIOMENA" POR INGRES

Voluptuosa Melancolía:
en tu talle mórbido enrosca
el Placer su caligrafía
y la Muerte su garabato,
y en un clima de ala de mosca
la Lujuria toca a rebato.

R. L. V.

NO ERA preciso eternizarse, muchacha;
pero tu desnudez llega a este siglo
desde un amanecer interminable;
y tu cuerpo, invento de la luz
que se diría
hondo rocío marítimo, surgido
de las verdosidades más azules.

Eres continuamente la derrota
de la ceniza bíblica y la lúgubre
enseñanza de sal judeocristiana
para el rumor ardiendo en el linaje
del cual híbridamente descendemos.

Ingres clausura el pudridero, la amarga
obligación de envejecer —porcina
aunque devotamente sollozando.
Y una moda ya opaca: la perversa
inocencia de nínfula, renueva
la visión de tu carne perdurable,
opuesta a Valdés Leal, Goya, Quevedo.

INGRES' "VENUS ANADYOMENE"

Voluptuosa Melancolía:
en tu talle mórbido enrosca
el Placer su caligrafía
y la Muerte su garaboto,
y en un clima de ala de mosca
la Lujuria toca a rebato.

RAMÓN LÓPEZ VELARDE

It was not necessary to be eternal, girl;
but your nakedness arrives in this century
from an everlasting dawn;
and your body, a contrivance of the light
which resembles
the deep seacoast dew, rising
from the bluest of greennesses.

You are forever defeating
the Biblical ashes and the gloomy lesson
of Judeo-Christian misfortune
by way of the burning rumours in the line
from which we all descend, in hybrid fashion.

Ingres seals up the vault, the bitter
obligation to grow old—swinish
although weeping devoutly.
And a manner now opaque—the perverse
innocence of the nymphet—renews
the vision of your lasting flesh,
set against Valdés Leal, Goya, Quevedo.

Y aparta con respeto la Ceniza,
la Iniquidad, el Quebranto, la Tiniebla
—rencorosas palabras donde gimen
nuestro procaz idioma y nuestras culpas—
para que el mar se hienda
y el milagro,
la partición atónita del agua,
se repita en las playas concurridas
por *personas decentes.*

And keeps at bay, with respect, Ashes,
Iniquity, Sorrow, the Shadow—
rancourous words with which our impudent
language and our guilts groan heavily—
so that the seas open up
and the miracle,
the astonished separation of the waters,
occurs again on the beaches now traversed
by *respectable people.*

EL AJUSCO

ROCA heredada de un desastre
   el fuego
erigió su sepulcro
y ronda el valle
su resplandor de musgo
entre la inerme
                  transparencia elegíaca /

en él yacen los años
   se diría
que nunca se ha movido de su sitio
hosco e inalterable a las metáforas
"guardián de la ciudad"
                  "vigía"
"testigo"
      o padre de lo inmóvil /

EL AJUSCO

Rock inherited from a disaster
       fire
set up its own sepulchre
and the valley is surrounded
by its mossy radiance
amid the innocent
             and wistful transparency

in it the years are prostrate
    you would say
that it has never stirred from its place
proud and invulnerable to metaphor
"watchman of the city"
              "sentinel"
"witness"
       or ancestor of all that is motionless

ESCOLIO A JORGE MANRIQUE

La mar
no es el morir
sino la eterna
circulación de las
transformaciones

FOOTNOTE TO JORGE MANRIQUE

The sea
   is not a state of death
         but rather the endless
            circulating of
               all transformations

LA EXPERIENCIA VIVIDA

ESTAS formas que veo al lado del·mar
y engendran de inmediato
asociaciones metafóricas
¿son instrumentos de la Inspiración
o de falaces citas literarias?

LIVING EXPERIENCE

These forms I notice at the edge of the sea
which start up at once
metaphorical associations—
are they the agents of Inspiration
or of deceiving literary references?

COPOS DE NIEVE SOBRE WIVENHOE

Entrecruzados
         caen
se aglomeran
         y un segundo después
se han dispersado
         caen y dejan caer
a la caída
Inmateriales
         astros
intangibles
         Infinitos
planetas en desplome

FLAKES OF SNOW ON WIVENHOE

Interwoven
        they fall
cling together
            and a second later
they have all gone
            they fall and wilt
in their falling
Insubstantial
        intangible
stars
      Infinite
planets in collapse

LOS FANTASMAS DE TOTTENHAM
COURT ROAD

LOS RUIDOS
las maderas
los silencios
repentinos del alba...

Todo era
propicio a su regreso.

Se asomaron,
se vieron entre sí
transparentándose
—y se fueron muy tristes
al encontrarlo todo tan cambiado.

THE GHOSTS OF TOTTENHAM
COURT ROAD

The sounds
the timbers
the sudden
silences of dawn . . .

Everything was
auspicious for their returning.

They looked out,
they saw themselves
growing clear to one another—
and left in the sorrow
of finding all so changed.

LA LLUVIA

la   la
lluvia   suficiencia
en   disciplinado
cierto   orgullo
modo   buen
es   carácter
la   contención
serenidad   y otras veces DESMESURA

RAIN

the   self-
rain   sufficiency
in   disciplined
some   pride
sense   good
stands   character
for   restraint
serenity   and at other times INSOLENCE

DIGAMOS QUE AMSTERDAM 1943

EL AGUA vuelve al agua.
Qué inclemente
caer de lluvia sobre los canales
en la mañana inerme.
Y a lo lejos
un silbato de fábrica.
Entre sábanas, roto, envejeciendo,
está el periódico:
la guerra continúa, la violencia
incendia nuestros años.
Bajo tu cuerpo y en tu sueño duermes.
¿Qué será de nosotros, cuándo y dónde
segará nuestro amor el tajo, el fuego?
Se escucha la respuesta:
están subiendo.
Me voy, no te despiertes:
los verdugos
han tocado a la puerta.

SAY, AMSTERDAM 1943

Water returns to water.
How cruel
the fall of rain on the canals
in the defenseless morning.
And in the distance
a factory whistle.
On sheets, despoiled, already aging,
lies the newspaper:
the war goes on, the violence
burns away our years.
Under your body and in your dream you sleep.
What will become of us, when and where
will our love be cut off by the blade, the shot?
The reply is heard:
they are coming up.
I'm going, don't wake up:
the executioners
have knocked on the door.

GOETHE: GEDICHTE

Orbes
    de
       música
            verbal /
                   silenciados
                             por
                                  mi
                                      ignorancia
                                              del
                                                idioma

GOETHE: GEDICHTE

Spheres
        of
          verbal
                music
                    stilled
                        by
                          my
                            ignorance
                                  of
                                    the
                                        language

TIERRA

La honda Tierra es
la suma de los muertos.
Carne unánime
de las generaciones consumidas.

Pisamos huesos,
sangre seca,
heridas,
invisibles heridas.

El polvo
que nos mancha la cara
es el vestigio
de un incesante crimen.

EARTH

The hollow earth is
the accretion of all the dead.
One whole flesh
of the consumed generations.

We step on bones,
dried blood,
wounds,
invisible wounds.

The dust
which grimes our faces
is the evidence
of a recurring crime.

KRISTIANSAND

DESEMBARCAMOS al atardecer.
Diluviaba.
Nunca estuvo tan gris el Mar del Norte.
Pero obstinada en recobrar la sal,
la lluvia,
a grandes rasgos,
me contaba su historia.

KRISTIANSAND

We disembarked in the late afternoon.
The rain poured down.
The North Sea had never been so gray.
But bent on recapturing the salt,
the rain,
in great sweeps,
outlined to me its history.

TURNER'S LANDSCAPE

HAY DEMASIADA primavera en el aire.
El excesivo fasto
augura la pobreza. Nadie puede
guardar unos segundos de esta tarde
para alumbrarse en el invierno
(ya oigo la impugnación de las hormigas).
El campo de Inglaterra es un jardín
ilimitado. Quién
escandalizará a tanta inocencia
diciendo qué le espera:
en el otoño sequedad,
y ventisca
en el invierno funerario.

TURNER'S LANDSCAPE

There is too much spring in the air.
The excess of splendour
augurs the poverty. No one can
keep a few seconds of this afternoon
to light himself with in the winter
(already I hear the challenge of the ants).
The English countryside is an ever-extending
garden. And who
shall violate such innocence,
telling it what is in store:
the parched earth of autumn,
and snowstorms
in the funereal winter?

LITOGRAFÍA DEL RÍO COLNE A SU PASO POR WIVENHOE

Bajo el calor los bosques recuperan
la unidad del principio,
aquel momento
en que todo era todo
y fue apartándose
para dar vida a cada cosa viva.

Bajo el calor brillaba inmensamente
la cicatriz del viento sobre el agua.
El río pareció por un instante
desandar su camino:
el mar desembocaba en una fuente;
tierra y cielo eran líquidos vapores:
humos y humus como en el origen.

Bajo el calor el vaporoso río
torna incesantemente al no volver.

A LITHOGRAPH OF THE RIVER COLNE AS IT FLOWS PAST WIVENHOE

Under the heat the woods take on again
the oneness of their origins,
that moment
when everything was one
and began to divide
to give life to every living thing.

Under the heat the vast sparkle
of the scars of wind on water.
For a moment the river seemed
to waver from its course:
the sea emptied in a fountain;
earth and sky were watery vapour:
loam and steam as in the beginning.

Under the heat the shrouded river
moves incessantly on its unreturning course.

RONDÓ 1902

CALLES de niebla y longitud de olvido
Tibia tiniebla en donde todo ha sido
verdor salobre y avidez impune
Hora de cobre que al partir reúne
calles de niebla y longitud de olvido
tibia tiniebla en donde todo ha sido
verdor salobre y avidez impune

RONDEAU 1902

Fog-filled streets, the wavelength of forgetting
A feeble twilight in which all has breathed
the tang of greenness and unpunished wanting
The copper hour which as it goes combines
fog-filled streets, the wavelength of forgetting
a feeble twilight in which all has breathed
the tang of greenness and unpunished wanting

ÎLE SAINT-LOUIS

DESDE el balcón
el Pont de la Tournelle

Una muchacha se detiene y mira

Fluye el Sena
Desgarrado un instante por la isla
corre al encuentro de sus mismas aguas

Aguas de musgo verde
verdes aguas
con el verdor
de miles de veranos

La muchacha se aleja
se extravía
se pierde de mis ojos
para siempre

Arde la misma rosa en cada rosa
El agua es simultánea y sucesiva
El futuro ha pasado
El tiempo nace
de alguna eternidad que se deshiela

ÎLE SAINT-LOUIS

From the balcony
the Pont de la Tournelle

A young girl pauses and gazes

The Seine keeps flowing
Parted a moment by the island
it rushes to the meeting with its own waters

Waters of green moss
green waters
with the greenness
of thousands of summers

The girl goes into the distance
strays away
loses herself from my eyes
for ever

In every rose the same rose is on fire
The water is simultaneous and successive
The future has passed
Time is born
from some eternity still thawing out

VENECIA

Cada golpe de agua provocado por los motores
hunde un poco más a Venecia.

De una crónica en Excélsior.

VENECIA es una trampa:
fue inventada
por Antonio Canale
Il Canaletto
con el único objeto de otorgarle
una apariencia sólida a sus cuadros.

Negación de Lepanto: cada piedra
es oriental / y floreció en Bizancio.

Todo lo unido tiende a separarse:
los islotes regresan a la laguna.
El agua la esculpió
y hoy la destruye.

En su agonía romántica desciende
al barro original.
Perla en el lodo,
joya entre muladares subacuáticos,
víctima del motor fuera de borda.

VENICE

Cada golpe de agua provocado por los motores
hunde un poco más a Venecia.

Excelsior

Venice is an artifice,
it was invented
by Antonio Canale
Il Canaletto
with the single aim of giving
a solid appearance to his pictures.

The negation of Lepanto: each stone
is from the East
               and flourished in Byzantium.

Its wholeness spreads and separates:
the islets go back to the lagoon.
The water carved it
and today it destroys it.

In its romantic agony it descends
to the original slime.
A pearl in the mud,
a jewel in a subaquatic dung heap,
a final victim of the outboard motor.

POMPEYA

> Qui su l'arida schiena
> Del formidabil monte
> Sterminator Vesevo...
>
> GIACOMO LEOPARDI, *La ginestra*

LA TEMPESTAD de fuego nos sorprendió en el acto
de la copulación.
No fuimos muertos por el río de lava.
Nos ahogaron los gases; la ceniza
nos sirvió de sudario. Nuestros cuerpos
continuaron unidos en la roca:
petrificado espasmo interminable.

POMPEII

Qui su l'arida schiena
Del formidabil monte
Sterminator Vesevo . . .

GIACOMO LEOPARDI, *La ginestra*

The torrent of fire surprised us in the act
of copulation.
We did not die in the river of lava.
The gases overcame us; the ash
was a kind of shroud for us. Our bodies
stayed locked together in the rock's embrace:
an endless love-spasm petrified.

CONVERSACIÓN ROMANA

> Oremos por las nuevas generaciones
> abrumadas de tedios y decepciones;
> con ellas en la noche nos hundiremos...
>
> AMADO NERVO (1896)

> There is something sneaky about us. It is almost as
> if we were determined to come and go without
> leaving a footprint. It is fitting that this should be
> the generation for which total annihilation is at
> least feasible.
>
> RUSSELL BAKER

EN ROMA aquel poeta me decía:
—No sabes cuánto me entristece verte
escribir prosa efímera en periódicos.

Hay matorrales en el Foro. El viento
unge de polvo el polen.

Ante el gran sol de mármol Roma pasa
del ocre al amarillo,
el sepia, el bronce.

Algo se está quebrando en todas partes.
Se agrieta nuestra edad.
Es el verano
y no se puede caminar por Roma.
Tanta grandeza avasallada. Cargan
los coches contra el hombre y las ciudades.

112

ROMAN CONVERSATION

Oremos por las nuevas generaciones
abrumadas de tedios y decepciones;
con ellas en la noche nos hundiremos . . .

AMADO NERVO (1896)

There is something sneaky about us. It is almost
as if we were determined to come and go without
leaving a footprint. It is fitting that this should
be the generation for which total annihilation is
at least feasible.

RUSSELL BAKER

In Rome that poet told me:
You cannot imagine how it saddens me to see you
writing ephemeral prose in magazines.

There are weeds in the Forum. The wind
anoints the pollen with dust.

Under the great marble sun, Rome changes
from ochre to yellow,
to sepia, to bronze.

Everywhere something is breaking down.
Our times are cracking.
It is summer
and you cannot walk through Rome.
So much grandeur enslaved. Chariots
charge against both men and cities.

Centurias y falanges y legiones,
proyectiles o féretros,
chatarra,
ruinas que serán ruinas.

Hay hierbas,
adventicias semillas en el mármol.
Y basura en las calles sin memoria:
plásticos y botellas y hojalata.
Círculo del consumo: la abundancia
se mide en la basura.

Hace calor. Seguimos caminando.
No quiero responder
ni preguntarme
si algo escrito hoy
dejará huellas
más profundas que el polen en las ruinas.

Acaso nuestros versos duren tanto
como un modelo Ford 69
(y muchísimo menos que el Volkswagen).

Companies and phalanxes and legions,
missiles or coffins,
scrap iron,
ruins which will be ruins.

Grasses grow,
fortuitous seeds in the marble.
And garbage in the unremembering streets:
tin cans, paper, scrap.
The consumer's cycle: affluence
is measured by its garbage.

It is hot. We keep on walking.
I have no wish to answer
or to ask myself
if anything written today
will make a mark
any deeper than the pollen in the ruins.

Possibly our verses will last as long
as a 69 Ford
(and certainly not as long as a Volkswagen).

MEJOR QUE EL VINO

> Porque mejor que el vino
> son tus amores.
>
> **SALOMÓN**

QUINTO y Vatinio dicen que mis versos son fríos.

Quinto divulga en estrofas yámbicas
los encantos de Flavia. Vatinio canta
conyugales y grises placeres.

Pero yo, Claudia,
no he arrastrado tu nombre
por las calles y plazas de Roma,
y el pudor y la astucia me obligan
a guardar tales ansias
para sólo tu lecho nocturno.

BETTER THAN WINE

Porque mejor que el vino
son tus amores.

SALOMÓN

Quintus and Vatinius claim that my verses are cold.

Quintus goes on in his iambic stanzas
about the charms of Flavia. Vatinius sings of
gray, conjugal pleasures.

But I, my Claudia,
I have not dragged your name
through the streets and squares of Rome,
and modesty and artifice oblige me
to keep such concerns
for your nightly couch alone.

JOSÉ ORTEGA Y GASSET CONTEMPLA
EL VIENTO

Son estos unos pensamientos de El Escorial, durante una fiesta de Resurrección... Mientras que por materia entendemos lo inerte, buscamos con el concepto de espíritu el principio que triunfa de la materia, que la mueve y agita, que la informa y la transforma y en todo instante pugna contra su poder negativo, contra su trágica pasividad. Y, en efecto, hallamos en el viento una criatura que, con un mínimo de materia, posee un máximo de movilidad: su ser es su movimiento, su perpetuo sostenerse a sí mismo, trascender de sí mismo, derramarse más allá de sí mismo. No es casi cuerpo, es todo acción: su esencia es su inquietud. Y esto es de uno u otro modo, en definitiva, el espíritu: sobre la mole muerta del universo una inquietud y un temblor.

La vida en torno: Muerte y resurrección.
EL ESPECTADOR, II, 1917.

EL ESCORIAL inerte.
El viento pugna
por quebrantar *su trágica molicie.*
Su ser es movimiento,
es su perpetuo
sostenerse a sí mismo,
derramarse
más allá de sí mismo.
No es casi cuerpo.
Su esencia es su inquietud.
Y esto de un modo u otro
es el espíritu.

JOSÉ ORTEGA Y GASSET MEDITATES
ON THE WIND

These are some thoughts on the Escorial, during the Feast of the Resurrection . . . While by the material we understand the inert, we seek through this concept of spirit the principle which triumphs over the material, which moves and bestirs it, which informs and transforms it, and all the time struggles against its negative power, against its tragic passivity. And, in fact, we find in the wind an essence which, with a minimum of material, possesses a maximum of mobility: its being is movement, its continuous supporting of itself, transcending of itself, spilling over beyond itself. It is hardly body, it is altogether action: its essence is its restlessness. And this, in one sense or another, is definitively what spirit is: over the dead mass of the universe a restlessness and a trembling.

La vida en torno: Muerte y resurrección.
EL ESPECTADOR II, 1917.

The Escorial inanimate.
The wind is struggling
to mollify *its tragic passivity.*
Its being is movement,
is its continuous
supporting of itself,
spilling over
beyond itself.
It is hardly body.
Its essence is its restlessness.
And this, in one sense or another,
is what spirit is.

Ortega piensa,
entrecierra los ojos.
Buenas frases
con su rotundidad tan castellana,
el prodigioso idioma que un día fue,
como el latín, lengua imperial del mundo
(¿o metafisiqueos, *suspirillos germánicos?*)

El Escorial inerte.
El rey Felipe
convirtió el monasterio en su parrilla
y dejó que lo asaran los gusanos
—suerte mejor que disponer del mundo.

Molicie de la mole
o bien escoria
que es lo que deja tras de sí la historia.
Molicie de la historia,
una mole de escoria,
molicie de la escoria.

Ortega piensa.
Su esencia es su inquietud,
no es casi cuerpo.

La materia despliega sus poderes,
sin pausa se transforma
y se da forma.
Inventa el mundo en que medita Ortega,
materializa en letras tanta tinta
—suerte mejor que disponer del mundo.

Ortega meditates,
half-closing his eyes.
Ringing phrases,
so Castilian in their roundness,
the formidable language which was once,
like Latin, the imperial language of the world
(or metaphysicking, *Germanic sighs?*)

The Escorial inanimate.
Philip, the king,
turned the monastery into his gridiron
and left the worms to see to the roasting—
a better fate than disposing of the world.

Softness of the mass
or rather of the dross
which is what history leaves behind.
Softness of history,
a mass of dross,
softness of dross.

Ortega meditates.
Its essence is its restlessness,
it is hardly body.

Matter unfolds its power,
endlessly it transforms itself
and takes new forms.
It invents the world in which Oretega meditates,
materializing in letters as so much ink—
a better fate than disposing of the world.

DIFICULTADES PARA DECIR LA VERDAD

PRACTICAN el amor debidamente
Hacen versos de fuego y los envían
a sus destinatarias del convento
Y cuando el Santo Oficio los sorprende
hablan de la Levitación
y la Unión Mística
entre Cristo y la Iglesia

DIFFICULTIES OVER TELLING THE TRUTH

They practise love apologetically
They write erotic verses and send them
to their appointed sweethearts in the convent
And when the Inquisition surprises them
They speak of the Levitation
and the Mystical Union
between Christ and the Church

IV. ANIMALS KNOW

> . . . les bêtes savent
>
> SAMUEL BECKETT, *Comment C'est*

DISCURSO SOBRE LOS CANGREJOS

EN LA costa se afirma que los cangrejos
son animales hechizados
y seres incapaces de volverse
para mirar sus pasos.

De las tercas mareas aprendieron
la virtud del repliegue,
el ocultarse
entre rocas y limo.

Caminantes oblicuos
en la tenacidad de sus dos pinzas
sujetan el vacío que penetran
sus ojillos feroces como cuernos.

Nómades en el fango o habitantes
en dos exilios:
extranjeros
ante los pobladores de las aguas
y ante los animales de la tierra.

Trepadores nocturnos,
armaduras errantes,
hoscos y eternamente fugitivos
que van rehuyendo la inmortalidad
en imposibles círculos cuadrados.

AN ADDRESS ON CRABS

On the coast they maintain that crabs
are animals bewitched,
being incapable of turning back
to see their own clawmarks.

From the obstinate tides, they learned
the virtues of withdrawing,
of concealing themselves
between rocks and slime.

Sideways walkers,
with the ferocity of their twin claws,
they tame the void which they pierce
with their stalk-eyes, fierce as horns.

Nomads of the mud or inhabitants
of a double exile—
foreigners
compared to the populators of the water,
compared to the animals of the land.

Nocturnal mountaineers,
wandering skeletons,
sullen and forever furtive,
who keep avoiding immortality
in impossible square-shaped circles.

Su frágil caparazón
incita al quebrantamiento,
al pisoteo.

(Hércules vengó así la mordedura,
y Juno que lo envió contra este obsceno
personaje de feria,
contra este charlatán de la edad heroica,
para retribuirlo situó a Cáncer
entre los doce signos del Zodíaco,
a fin de que sus patas y tenazas
encaminen al sol por el verano
—el tiempo en que germinan las semillas.)

Ignoro en cuál momento dio su nombre
a ese tumor que rompe los tejidos
y aún al comenzar el final tercio
del siglo veinte
permanece invencible
y basta su mención
para que el miedo
cruce el rostro
de todos los presentes.

Their delicate shell
asks to be shattered,
to be trampled on.

(Thus did Hercules avenge their bite,
and Juno, who dispatched them against this grotesque
circus character,
against this charlatan of the heroic age,
as a reward placed Cancer
among the twelve signs of the Zodiac,
so that its legs and pincers
might walk in the sun all summer—
the time of the germinating of the seeds.)

I do not know just when it gave its name
to that tumourous growth which eats up the tissues
and which still, as the final third
of our century commences,
remains invincible
and whose mention is enough
for sudden fear
to cross the faces
of all within hearing.

INDAGACIÓN EN TORNO DEL MURCIÉLAGO

LOS MURCIÉLAGOS no saben una palabra de su prestigio
literario.

Con respecto a la sangre, les gusta la indefensa de las vacas:
útiles señoronas incapaces de fraguar un collar de ajos, una
estaca en el pecho, un crucifijo;

pues tan sólo responden a la broma sangrienta, al beso impuro
(trasmisor de la rabia y el derrengue, capaz de aniquilar
al matriarcado)

mediante algún pasivo coletazo que ya no asusta ni siquiera
a los tábanos.

Venganza por venganza, los dueños del ganado se divierten
crucificando al bebedor como si fuera una huraña mariposa
excesiva.

El murciélago acepta su martirio y sacraliza el acto de fumar
el cigarrito que indecorosamente cuelgan de su hocico, y
en vano trata de hacer creer a sus perseguidores que han
mojado sus labios con vinagre.

Oí opinar con suficiencia que el murciélago es un ratón alado,
un deforme, un monstruito, un mosquito aberrante, como
aquellas hormigas un poco anómalas que rompen a volar
cuando vienen las lluvias.

Algo sé de vampiros, aunque ignoro todo lo referente a los
murciélagos (la pereza me impide comprobar su renombre
en cualquier diccionario).

AN ENQUIRY CONCERNING THE BAT

Bats have not heard a word of their literary reputation.
Where blood is concerned, they appreciate the defenselessness
   of cows; great useful matrons incapable of coming up with a
   garlic necklace, a stake through the breast, a crucifix;
all on their own they react to the bloody jest, to the infected
   kiss (carrier of rabies and hoof-rot, capable of wiping out
   the matriarchy) by means of some passive flick of the tail,
   which does not even frighten the horseflies.

An eye for an eye, the ranch owners amuse themselves by
   crucifying the little toper as if it were one ungainly butterfly
   too many.
The bat accepts its martyrdom and suffers the act of smoking
   a cigarette which they crudely hang from its snout, and tries
   in vain to make his persecutors believe they have moistened
   its lips with vinegar.

I have heard it claimed often enough that the bat is a winged
   mouse, a cripple, a small monster, an aberrant mosquito,
   like those slightly freakish ants which take suddenly to flight
   when the rains come.

I know something of vampires, although I know nothing of all
   the references to bats (laziness keeps me from checking up
   on their reputation in some dictionary or other).

Obviamente mamífero, me gusta imaginarlo como un reptil
  neolítico hechizado,
detenido en el tránsito de las escamas al plumaje,
en su ya inútil voluntad de convertirse en ave.

Por supuesto es un ángel caído, y ha prestado sus alas y su
  traje (de carnaval) a todos los demonios.

Cegatón, niega al sol y la melancolía es el rasgo que define
  su espíritu.
Arracimado habita las cavernas y de antiguo conoce los de-
  leites e infiernos de la masa.

Es probable que sufra de aquel mal llamado por los teólogos
  acidia
—pues tanto ocio engendra hasta el nihilismo y no parece
  ilógico que gaste sus mañanas meditando en la profunda
  vacuidad del mundo,
espumando su cólera, su *rabia* ante lo que hemos hecho del
  murciélago.

Ermitaño perpetuo, vive y muere de pie y hace de cada cueva
  su tebaida.
El hombre lo confina en el mal y lo detesta porque comparte
  la fealdad viscosa, el egoísmo, el vampirismo humano; re-
  cuerda nuestro origen cavernario y tiene una espantosa sed
  de sangre.

Y odia la luz
que sin embargo un día
hará que arda en cenizas la caverna.

It is plainly a mammal, I like to think of it as a bewitched
  neolithic reptile, stuck somewhere along the transition from
  scales to feathers, in its already useless impulse to turn itself
  into a bird.

Of course, it is a fallen angel and has lent its wings and its
  costume (its carnival outfit) to all devils.

Short-sighted, it shuns the sun, and melancholy is the pre-
  ponderant characteristic of its disposition.
Bunched together like fruit, it lives in caves and knows of old
  the pleasures and horrors of overcrowding.

Probably, the bat suffers from that sin known to theologians as
  accidie—for such laziness verges on nihilism, and it does not
  seem illogical that it should spend its mornings meditating
  on the profound emptiness of the world,
spouting with rabid anger at what we have made of the bat.

A perpetual hermit, it lives and dies on its feet and makes every
  cave into its hermitage.
Man imprisons it in evil and detests it because it partakes of a
  sticky ugliness, egoism, human vampirism—a reminder of
  our cave origins, with a shocking thirst for blood.

And it hates the light
  which one day, nevertheless,
  will cause its cave to be burned to ashes.

EL ESPEJO DE LOS ENIGMAS: LOS MONOS

> The monkey is an organized sarcasm upon the human race.
>
> HENRY WARD BEECHER

CUANDO el mono te clava la mirada
estremece pensar
si no seremos
su espejito irrisorio
y sus bufones.

MIRROR OF THE ENIGMAS: THE MONKEYS

> The monkey is an organized sarcasm upon the human race.
>
> HENRY WARD BEECHER

When the monkey fixes you with its eye,
it's frightening to think—
might we not be
its derisory distorting mirror
and its buffoons?

TRATADO DE LA DESESPERACIÓN: LOS PECES

SIEMPRE medita el agua del acuario
piensa en el pez salobre
            y en su vuelo
reptante
breves alas de silencio
el entrañado en penetrables / líquidos
pasadizos de azogue
            en donde hiende
su sentencia de tigre
            su condena
a claridad perpetua
            o ironía
de manantiales muertos tras dormidas
corrientes de otra luz
            claridad inmóvil
aguas eternamente traicionadas
o cercenado río sin cólera
que al pensar sólo piensa en el que piensa
cómo hundirse en el aire
            sus voraces
arenales de asfixia
            ir hasta el fondo
del numeroso oleaje que rodea
su neutra soledad
            por todas partes

A TREATISE ON DESPAIR: FISH

The aquarium water is always meditative
it thinks of the sea fish
                and of its sudden flights
in fits and starts
brief wings of silence
the nosing into penetrable
                          liquid
quicksilver corridors
                  in which it divides
its tiger's fate
             its sentence
to perpetual clarity
                or the irony
of dead fountains behind sleeping
currents of other light
                    a motionless clarity
water forever betrayed into stillness
or a dwindling river free of rage
which in thinking thinks only of it which thinks
of how to sink in air
                its gulping
quicksands of asphyxia
                  to go to the bottom
of the manifold wave-beat which surrounds
its neutral solitude
             on all sides

MOSQUITOS

NACEN en los pantanos del insomnio.
Son negrura viscosa que aletea.
Vampiritos inermes,
sublibélulas,
caballitos de pica
del demonio.

MOSQUITOES

They are born in the swamps of sleeplessness.
They are a viscous blackness which wings about.
Little frail vampires,
miniature dragonflies,
small picadors
with the devil's own sting.

LOS GRILLOS (DEFENSA E ILUSTRACIÓN DE LA POESÍA)

RECOJO una alusión de los grillos:
su rumor es inútil,
no les sirve de nada
entrechocar sus élitros.
Pero sin la señal indescifrable
que se trasmiten de uno a otro,
la noche no sería
(para los grillos)
noche.

THE CRICKETS (DEFENSE AND ILLUSTRATION OF POETRY)

I record one allusion from the crickets:
the murmur they make is useless,
it serves them no useful purpose
to rub their shards together.
But without that indecipherable signal
which they send from one to another,
night would not be
(for crickets at least)
night.

SIEMPRE QUE VEO ELEFANTES PIENSO EN LAS GUERRAS PÚNICAS Y ESPECIALMENTE EN LA BATALLA DE ZAMA

OBSERVA su estructura casi de templo.
Su tolerancia suele tener un límite.
Su dignidad ofendida estalla de pronto.

Pregúntaselo a Aníbal: los elefantes,
los propios elefantes cartagineses,
vencieron a Cartago.

Así pues, de no ser por los elefantes
no existiría esta página
(tampoco
la lengua castellana
ni Occidente).

EVERY TIME I OBSERVE ELEPHANTS I THINK OF THE PUNIC WARS AND ESPECIALLY OF THE BATTLE OF ZAMA

Observe its structure, almost temple-sized.
Its tolerance is known to have its limits.
Its offended dignity suddenly erupts.

Ask Hannibal: elephants,
those same Carthaginian elephants,
overcame Carthage.

And so, had it not been for elephants,
this page would not exist
(neither would
our language
nor the West.)

BIOLOGÍA DEL HALCÓN

LOS HALCONES son águilas domesticables
Son perros
de aquellos lobos
Son bestias de una cruenta servidumbre

      Viven para la muerte
      Su vocación es dar la muerte
      Son los preservadores de la muerte
      y la inmovilidad

Los halcones verdugos policías
Con su sadismo y servilismo ganan
una triste bazofia compensando
nuestra impotente envidia por las alas

BIOLOGY OF THE FALCON

Falcons are tameable eagles
They are dogs
to those wolves
They are beasts serving a bloody apprenticeship

> They live for death
> Their vocation is dealing death
> They are custodians of death
> and of stillness

Hangmen and policemen both, falcons
by their sadism and servility earn
some wretched offal as reward for
our impotent envy of their wings.

FRAGMENTO DE UN POEMA DEVORADO POR LOS RATONES

COMUNIDAD de ritos primitivos
los ratones adoran las tinieblas.
De noche se les ve
feroces, siempre huyendo.
Incisivos, hambrientos, enfrentados
a la persecución, al ocultarse.
Siempre al acecho de quien los acecha...

FRAGMENT OF A POEM DEVOURED
BY MICE

A community with primitive rites,
mice worship the dark.
By night, they appear to be
savage, always on the run.
Gnawing, hungry, subjected to
persecution, on the way to hide.
Always spying out those who are spying them out . . .

PREGUNTAS SOBRE LOS CERDOS
E IMPRECACIONES DE LOS MISMOS

¿Existe otro animal que nos dé tanto?

GASPAR MELCHOR DE JOVELLANOS JOVE

¿POR QUÉ todos sus nombres son injurias?:
puerco marrano cerdo cochino chancho.
Viven de la inmundicia, comen, tragan
(porque serán comidos y tragados).

De hinojos y de bruces roe el desprecio
por su aspecto risible, su lujuria,
sus temores de obsceno propietario.
Nadie llora al morir más lastimero
interminablemente repitiendo:
y pensar que para esto me cebaron,
qué marranos qué cerdos qué cochinos.

QUESTIONS ON PIGS AND THE ABUSE OF SAME

¿Existe otro animal que nos dé tanto?

GASPAR MELCHOR DE JOVELLANOS

Why are all the names for them insults?
Hog, sow, honker, grunter, snuffler.
They wallow in filth, they eat, they swallow
(since they in their turn will be eaten and swallowed).

Stomach to hocks, contempt dismembers them
for their laughable look, their lechery,
the wobble of their obscene propriety.
Nobody weeps so dolefully over dying,
interminably repeating:
and to think it was for this they fattened me up,
such hogs, such fat pigs, such honkers!

LEONES

COMO los cortesanos de Luis XV
huelen mal
y veneran la apariencia.

Viven de su pasada gloria, el estruendo
que en pantallas crecientes
les dio el cine.

Reyes en el exilio
no parecen
odiar el cautiverio.

Traen el *show* en la sangre.
Son glotones,
mantenidos y ociosos
que consumen
la proletaria carne del caballo

(otra vida de esfuerzos que termina
arrojada a los leones).

LIONS

Like courtesans of Louis the Fifteenth
they smell bad
and venerate all outward show.

They live off their glorious past, the pomp
which on ever-expanding screens
the movies dressed them in.

Kings living in exile
never seem
to detest their captivity.

Show is in their blood.
They are gluttons,
lazy and looked-after,
who eat up
the proletarian flesh of horses

(another life of labour which ends up
thrown to the lions).

ÁLBUM DE ZOOLOGÍA

MIRAD al tigre
    Su tibia pose de vanidad satisfecha
Dormido en sus laureles / gato persa
    de algún dios sanguinario
Y esas rayas / que encorsetan su fama
    Allí echadito
como estatua erigida a la soberbia
    un tigre de papel / un desdentado
tigre de un álbum de niñez / Ociosa
    en su jubilación
la antigua fiera / de rompe y rasga
    sin querer parece
el pavorreal de los feroces

ZOOLOGICAL ALBUM

Regard the tiger
    Its meek posture of satisfied vanity
sleeping amongst its laurels
                the Persian cat
    of some bloodthirsty god
And these stripes
        which enlace its fame
    Sprawled out there
like a statue erected to pride
    a paper tiger
          a toothless
tiger from a child's story book.
                    Idle
    in its exaltation
the ancient beast
        with its violent aura
    seems involuntarily
the peacock of the wild beasts.

ESCORPIONES

EL ESCORPIÓN atrae a su pareja
y aferrados de las pinzas se observan
durante un hosco día o una noche
anterior a su extraña cópula
y el término
del encuentro nupcial:
sucumbe el macho
y es devorado por la hembra
—la cual (dijo el Predicador)
es más amarga que la muerte.

SCORPIONS

The scorpion attracts its mate
and, pincers locked together, they gaze
at one another for one gloomy day
or night before their curious coupling
and the conclusion
of the nuptial encounter:
the male succumbs
and is devoured in his turn by the female
—which (said the Preacher)
is bitterer by far than death.